RÈGLEMENT

POUR

LES ENFANTS

QUI FRÉQUENTENT

LES ÉCOLES CHRÉTIENNES.

—

NOUVELLE ÉDITION,

CORRIGÉE ET AUGMENTÉE DE PRIÈRES.

PERISSE FRÈRES, IMPRIMEURS-LIBRAIRES
de N. S. P. le Pape et de Son Ém. Mgr le Cardinal.

LYON	**PARIS**
ancienne maison	nouvelle maison
RUE MERCIÈRE, 49,	RUE SAINT-SULPICE, 39,
ET RUE CENTRALE, 60.	ANGLE DE LA PLACE.

1855

ALPHABET.

✠ a b c d e f g h
i j k l m n o p q
r s t u v x y z.

LETTRES DOUBLES.

æ œ ff fi ffi fl ffl.

LETTRES CAPITALES.

A B C D E F G
H I J K L M N O
P Q R S T U V
X Y Z Æ OE.

Ba	be	bi	bo	bu
Ca	ce	ci	co	cu
Da	de	di	do	du
Fa	fe	fi	fo	fu
Ga	ge	gi	go	gu
La	le	li	lo	lu
Ma	me	mi	mo	
				mu
Na	ne	ni	no	nu
Pa	pe	pi	po	pu

Qua que qui quo

quu

Ra re ri ro ru

Sa se si so su

Ta te ti to tu

Va ve vi vo vu

Xa xe xi xo xu

Za ze zi zo zu

VOYELLES.

a e i o u *et* y.

Ab eb ib ob ub

Ac ec ic oc uc

Ad ed id od ud

Af ef if of uf

Ag eg ig og ug

Al el il ol ul

Abs ebs ibs obs

ubs

Als els ils ols uls

Ams ems ims oms

ums

Bab beb bib bob
bub

Dad ded did dod
dud

Lal lel lil lol lul

Pap pep pip pop
pup

Rar rer rir ror rur

Sas ses sis sos sus

Vas ves vis vos
vus

v

✝ Au nom du Père, et du Fils, et du Saint-Esprit. Ainsi soit-il.

L'ORAISON DOMINICALE.

NOTRE Père, qui êtes dans les Cieux, que votre nom soit sancti-fié ; que votre rè-gne arrive ; que votre volonté soit faite en la terre comme au Ciel : donnez-nous au - jourd'hui notre pain de chaque jour ; et pardon - nez - nous nos of- fenses , comme nous pardonnons à ceux qui nous ont offensés ; et

ne nous laissez
point succomber
en la tentation ;
mais délivrez-nous
du mal.

Ainsi soit-il.

LA SALUTATION ANGÉLIQUE.

JE vous salue,
MARIE, pleine de
grâces, le Sei-

gneur est avec vous ; vous êtes bénie entre toutes les femmes , et Jésus , le fruit de vos entrailles, est béni.

Sainte Marie, mère de Dieu, priez pour nous, pauvres pécheurs, maintenant et à l'heure de notre mort. Ainsi soit-il.

LA PROFESSION DE FOI.

JE crois en DIEU, le Père tout-puis-sant, Créateur du Ciel et de la terre, et en Jésus-Christ, son Fils unique , notre Seigneur ; qui a été conçu du Saint - Esprit , est né de la Vierge Marie , a souffert sous Ponce - Pi - late , a été cruci- fié, est mort et a été enseveli ; est descendu aux en- fers ; le troisième

jour est ressus -
cité des morts :
est monté aux
Cieux, est assis à
la droite de Dieu
le Père tout - puis-
sant, d'où il vien-
dra juger les vi-
vants et les morts.

Je crois au Saint-
Esprit , la sainte

Eglise catholique, la communion des Saints, la ré-mission des pé-chés, la résurrec-tion de la chair, la vie éternelle.

Ainsi soit-il.

LA CONFESSION DES PÉCHÉS.

Je confesse à Dieu tout - puis - sant, à la bien - heureuse Marie, toujours vierge, à saint Michel Ar- change, à saint Jean-Baptiste, aux Apôtres saint

Pierre et saint Paul, à tous les Saints, et à vous, mon Père, que j'ai beaucoup péché par pensées, par paroles, par actions et par o-missions ; c'est ma faute, c'est ma faute, ma très -

grande faute. C'est pourquoi je supplie la bien-heureuse MARIE, toujours vierge, saint Michel Archange, saint Jean - Baptiste, les Apôtres saint Pierre et saint Paul, tous les

Saints, et vous, mon Père, de prier pour moi le Seigneur notre Dieu.

Que Dieu tout - puissant nous fasse misé - ricorde ; et que, nous ayant par - donné nos pé -

chés , il nous con -
duise   à   la   vie
éternelle.
Ainsi soit-il.

RETOURNEZ de l'école à la maison, sans vous arrêter par les rues, modestement, c'est-à-dire, sans crier ni offenser personne.

Au contraire, si l'on vous injurie et offense, en-durez-le pour l'a-mour de Notre-Seigneur, et di-tes en vous-mê-me : Dieu vous donne la grâce de vous repentir de votre faute, et vous pardonne comme je vous pardonne.

2. Gardez - vous bien de jurer, de blasphémer, ni de dire des paroles sales et vilaines, ni de faire aucune action déshonnête.

3. Quand vous passez devant quelque croix, ou quelque image de Notre - Seigneur, de Notre - Dame, ou des Saints, faites une dévote révérence, levant le chapeau, ou autrement.

4. Quand vous rencontrerez quelque personne de votre connaissance, saluez-la le premier ; parce que c'est une action d'humilité.

5. Saluez les personnes que

vous rencontre-
rez, selon la cou-
tume du lieu , et
selon l'instruc-
tion qu'on vous
aura donnée.

6. Quand vous
entrerez chez vous
ou en quelque au-
tre maison , faites
la révérence , sa-

luant ceux que vous y trouverez.

7. Quand vous commencerez quelque ouvrage, ou quelque bonne action, faites dévotement le signe de la sainte croix, avec intention de faire, au nom de

Dıeu et pour sa gloire, ce que vous allez faire.

8. Quand vous parlez avec des personnes de res-pect , répondez humblement: oui, Monsieur, ou Madame ; non , Monsieur , etc. , selon

ce qu'on vous de-
mandera.

9. Si ceux qui
ont pouvoir sur
vous, vous com -
mandent quelque
chose qui soit hon-
nête, et que vous
puissiez faire, o-
béissez - leur vo -

lontiers et promptement.

10. Si l'on vous commandait de dire quelques paroles, ou de faire quelque action mauvaise, répondez que vous ne le pouvez point faire, d'autant que

cela déplaît à Dieu.

11. Quand vous voudrez dîner ou souper, lavez-vous premièrement les mains, puis, dites le Benedicite, ou autre bénédiction,

avec révérence et modestie.

12. Lorsque vous voudrez boire, prononcez tout bas le saint nom de Jésus.

13. Toutes les fois que vous nommerez, ou entendrez nom -

mer JÉSUS ou MARIE, vous ferez la révérence.

14. Gardez-vous bien, à table ou ailleurs, de demander, de prendre et de soustraire en cachette ou autrement ce qu'on aura

donné à manger aux autres, et même vous ne le devez pas regarder avec envie.

15. Quand on vous donnera quelque chose , baisez la main , et remerciez celui ou celle qui vous

l'aura donnée.

16. Ne vous asseyez point à table si l'on ne vous le commande.

17. Mangez et buvez doucement et honnêtement, sans avidité et sans excès.

18. A la fin de

chaque repas di -
tes dévotement les
grâces , et après,
lavez-vous encore
les mains.

19. Ne sortez
point de la mai -
son sans deman -
der et sans obte -
nir congé.

20. N'allez point

avec les garçons vicieux et mé- chants, car ils vous peuvent nui- re pour le corps et pour l'âme.

21. Quand vous aurez emprunté quelque chose, rendez-la de bon- ne heure, et n'at-

tendez pas qu'on vous la demande.

22. Lorsque vous aurez à parler à quelque personne de respect qui sera occupée, présentez-vous avec révérence, attendant qu'elle ait loisir de vous

parler, et qu'elle vous demande ce que vous lui voulez.

23. Si quelqu'un vous reprend, ou vous donne quelque avertissement, remerciez - le avec humilité.

24. Ne tutoyez personne, non pas même les serviteurs et servantes, ni les pauvres aussi.

25. Allez au-devant de ceux qui entrent chez vous, soit domestiques, soit étran-

gers, pour les saluer et leur faire la révérence.

26. Si quelqu'un de ceux de la maison, ou autre, dit ou fait quelque chose de déshonnête ou indigne d'un chrétien, en votre pré-

sence, reprenez-
le avec douceur.

27. Quand les
pauvres deman-
dent à votre por-
te, priez votre pè-
re ou votre mère,
ou ceux chez qui
vous demeurez,
de leur faire l'au-

mône pour l'a -
mour de Dieu.

28. Le soir,
avant que de vous
aller coucher, a -
près avoir souhai-
té le bonsoir à
vos père et mère
ou autres , mettez-
vous à genoux

auprès de votre lit, ou devant quel-que Image, et di-tes les prières marquées dans les Devoirs des familles chrétiennes. Après, prenez de l'eau bénite, et faites le signe de la sainte Croix.

29. Le matin en vous levant, faites le signe de la sainte Croix, et étant habillé, mettez-vous à genoux, et dites les prières marquées en la page sept. Après, allez donner le bonjour à vos

père et mère , et
autres de la mai-
son.

30. Tous les
jours , si vous le
pouvez , entendez
la sainte Messe
dévotement et à
genoux , et levez-
vous quand le prê-
tre dit l'Evangile.

31. Quand vous entendrez sonner l'*AVE MARIA*, récitez dévotement l'*Angelus*.

32. Soyez toujours prêt à aller volontiers à l'école, et apprenez soigneusement les choses que vos

maîtres vous enseignent ; soyez leur bien obéissant et respectueux.

33. Gardez-vous bien de mentir en quelque manière que ce soit ; car les menteurs sont les enfants du

démon , qui est le père du menson-
ge.

34. Sur - tout gardez-vous de dé-
rober aucune cho-
se ni chez vous ,
ni ailleurs , parce
que c'est offenser
Dieu, c'est se ren-
dre odieux à cha-

cun et prendre le chemin d'une mort infâme.

35. Présentez-vous volontiers et souvent à la confession et à la communion, y étant bien prépa- ré, afin que vous deveniez à toute

heure plus dévot et plus sage , fuyant le péché et acquérant les vertus.

36. Enfin , tous vos principaux soins et désirs , tandis que vous vivez en ce monde , doivent viser

à vous rendre a-
gréable à Dieu et
à ne le point of-
fenser, afin qu'a-
près cette vie mor-
telle, vous puis -
siez éviter l'Enfer,
et posséder la gloi-
re du Paradis.
Ainsi soit-il.

Les Bénédictions que DIEU *donne aux enfants qui sont pieux et respectueux envers leurs Pères et Mères.*

HONORE ton père et ta mère,

afin que tu vives long ‑ temps sur la terre.

Cette première bénédiction don ‑ ne l'espérance d'une longue et heureuse vie.

Celui qui ho ‑ nore son père et sa mère, sera jo‑

yeux et content en ses enfants , et sera exaucé au temps de son o-raison.

Cette bénédic-tion promet l'al - légresse et le con - tentement que l'on reçoit des en - fants; de quoi nous

avons l'exemple
en Joseph, fils de
Jacob, qui, pour
avoir été bien o -
béissant à son pè-
re, et pour l'hon -
neur qu'il lui avait
rendu, reçut des
joies et des con -
tentements indici-
bles de ses pro -

pres enfants, lesquels furent aussi bénis de JACOB, leur grand-père, en la présence de JOSEPH, leur père.

Celui qui honore son père et sa mère, s'amasse

un trésor au Ciel et en terre.

Cette bénédic-
tion regarde les biens spirituels et temporels que Dieu donne aux bons enfants ; de quoi Salomon nous servira d'e-
xemple , lequel

porta toujours beaucoup d'hon - neur à son père et aussi à sa mère : c'est pourquoi il vécut très - heu - reux et très-riche, dans un trône flo- rissant ; comme aussi Absalon, son frère , pour avoir

désobéi et mal -
traité son père,
fut percé de trois
dards, et tué par
Joab, général de
l'armée de David.
Celui qui honore
son père et sa mè -
re, sera rempli des
grâces célestes,
jusqu'à la fin.

Cette bénédic-
tion concerne les
biens spirituels ;
de laquelle nous
avons un merveil -
leux exemple en
Jacob, fils d'I-
saac, qui, ayant
été béni de son
père, fut élu de
Dieu et très-agréa-

ble à sa divine majesté, et rempli de toutes sortes de grâces. Au contraire, son frère Esaü fut malheureux et réprouvé. Honore ton père, afin que la bénédiction du Ciel descende sur toi;

et que tu sois bé-
ni. Dieu donne
particulièrement
cette bénédiction
aux enfants obéis-
sants.

Mais qu'est-ce
autre chose être
béni de Dieu, si-
non recevoir de
lui sa sainte grâ-

ce, par le moyen de laquelle nous lui agréons comme ses enfants ?

———

Les Malédictions que DIEU fulmine sur les enfants qui ne portent ni honneur, ni obéissance à leurs Pères et Mères.

Que celui qui maudira son père

ou sa mère, meure de mauvaise mort, et que son sang soit sur lui : cette malédiction est confirmée par la bouche de Dieu.

Auquel lieu Dieu commande que si quelqu pè-

re est si malheu-
reux que d'engen-
drer un fils déso-
béissant , rebelle
et pervers , que
tout le peuple de
la ville massacre
à coup de pier-
res ce méchant
enfant et le fasse
mourir.

A ces paroles : maudit soit celui qui n'honore pas son père et sa mère, le peuple répondit : *Amen.*

PRIÈRE

A LA

TRÈS-SAINTE VIERGE,

Tirée des Œuvres de saint Bernard, et à laquelle S. François-de-Sales était très-dévot.

SOUVENEZ-VOUS, ô très-pieuse Vierge Marie, qu'on

n'a jamais ouï di-
re qu'aucun ait
été délaissé, de
tous ceux qui ont
eu recours à votre
protection, implo-
ré votre secours
et demandé vos
suffrages. Animé
de cette confian-
ce, ô Vierge Mè-

re des vierges, je
cours et je viens
à vous ; et gémis-
sant sous le poids
de mes péchés ,
je me prosterne à
vos pieds. O Mè-
re de Jésus mon
Sauveur ! ne mé-
prisez pas mes
prières , mais é-

coutez-les favora-
blement, et faites
que Dieu m'exau-
ce et me pardon-
ne mes fautes
par votre inter -
cession.

Ainsi soit-il.

BENOÎT XIII,

En 1729, a accordé cent jours d'indulgence toutes les fois que l'on récitera dévotement la prière suivante à l'honneur de l'immaculée Conception de la Vierge Marie.

BÉNIE soit la très - pure , très - sainte et très - im-

maculée Concep-
tion de la glo-
rieuse Vierge Ma-
rie, Mère de Dieu!
A jamais.

LYON. — IMPRIMERIE D'ANTOINE PÉRISSE.

www.ingramcontent.com/pod-product-compliance
Ingram Content Group UK Ltd.
Pitfield, Milton Keynes, MK11 3LW, UK
UKHW022112170726
13837UKWH00003B/1175